E F G
L M N
R S T
X Y Z

kOsmO & klaX®

ABC-GESCHICHTEN ZUM ERLEBEN

Alexandra Helmig • Marion Meister

mixtvision

Inhalt

KOSMO & KLAX
und ihre Freunde

Mit Kosmo & Klax das ABC erleben! 26 abgeschlossene Geschichten führen spielerisch an die Buchstaben heran und machen neugierig auf die Welt des Alphabets. Zusätzliche Erlebniskarten ermutigen dazu, das Wissen um Buchstaben und Laute zu erweitern und das ABC mit allen Sinnen zu begreifen.

KOSMO ist der heimliche Held der Freunde. Das neugierige Eichhörnchen hat den Kopf voller Ideen. Zusammen mit seinem besten Freund Klax wohnt Kosmo in einem Baumhaus im Tal des verwunschenen Parks.

KLAX, der kleine rote Ball, stürzt sich übermütig in jedes Abenteuer. Eine goldene Krone ist dabei sein ständiger Begleiter. Wenn ihm mal wieder ein Missgeschick passiert, sucht er häufig Schutz bei seinem besten Freund Kosmo.

HERR MÜMMELMANN ist ein herzensguter Angsthase, der dies aber nie zugeben würde. Aufgeregt hoppelt er in jedes Abenteuer und beeindruckt seine Freunde mit Charme und Fantasie.

LILI GRAUMAUS, die Kleinste im Freundeskreis, ist nicht zu unterschätzen. Mit ihrer pfiffigen und aufgeweckten Art hilft sie den Freunden oftmals aus der Patsche.

FRAU GANS, die vornehme Dame, verlässt das Haus niemals ohne Hut. Mit ihrem Gesang geht sie ihren Freunden zwar manchmal gehörig auf die Nerven, dennoch ist sie bei allen sehr beliebt.

BIBO BIBER, der geschickte Handwerker, ist selten um einen Spruch verlegen. Wie ein Wirbelwind saust er umher und ist bei kleinen und großen Problemen immer zur Stelle.

„Wenn es irgendwo brennt,
und alles pennt,
ist es Bibo, der rennt."

KNABBA, der vielgereiste Weltenbummler, ist Kosmos Cousin. Er erscheint nie ohne seine coole Brille und einen Koffer voller Überraschungen.

A wie AMEISE

Als Kosmo die Augen öffnet, ist es schon sehr spät. Die Sonne steht hoch über dem alten Spielplatz im Tal des verwunschenen Parks. Kosmo reckt sich und sieht hinüber zu seinem Freund Klax, der noch tief und fest schlummert. „Hey Klax, wach auf. Sonst verschlafen wir den ganzen Tag." Klax blinzelt müde ins Sonnenlicht und stöhnt: „Es ist so heiß." Da hat Kosmo eine Idee. „Weißt du was", schlägt er begeistert vor und setzt Klax seine kleine goldene Krone auf den Kopf, „wir machen einen Ausflug zum Tannenwald." „Au ja", ruft Klax, „da ist es immer so schön schattig." Übermütig rollt er los, und Kosmo hat Mühe, hinterherzukommen.

Nach kurzer Zeit haben sie ihr Baumhaus und den alten Spielplatz hinter sich gelassen. Jetzt müssen sie nur noch die große Wiese jenseits des Sees überqueren, dann haben sie ihr Ziel erreicht. Und tatsächlich: Die Luft im Wald ist viel frischer, und auch der Boden ist angenehm kühl. „Guck mal, wie viele Tannenzapfen es hier gibt", ruft Klax und beginnt sofort damit, die Zapfen zu einem Stoß zusammenzutragen. Plötzlich bleibt er wie angewurzelt stehen und zeigt auf einen riesigen Nadelhaufen, der aussieht, als ob er sich bewegen würde. Ängstlich versteckt Klax sich hinter Kosmo. „Das ist doch nur ein Ameisenhaufen!"

Kosmo lacht und nimmt Klax an die Hand. Sie gehen näher heran und sehen Hunderte von Ameisen, die abgefallene Nadeln und kleine Holzstücke auf ihren Rücken zum Ameisenhaufen tragen. „Was macht ihr da?", fragt Klax, der seine Angst mittlerweile verloren hat. Stumm marschieren die Ameisen hintereinander her, wie eine Armee, die an einer unsichtbaren Schnur gezogen wird.

„Hallo Ameisen", versucht nun auch Kosmo sein Glück. „Wir würden gerne wissen, was ihr da macht." „A-a-a-arbeiten", rufen die Ameisen im Chor, ohne innezuhalten. Ratlos verfolgen Kosmo und Klax das emsige Treiben. „Was ist eigentlich arbeiten?", fragt Klax nach einer Weile. „Na das da." Kosmo deutet mit seinem buschigen Eichhörnchenschwanz auf die Ameisenarmee. Klax überlegt, dann geht ein Strahlen über sein Gesicht. „Aha", ruft er, „arbeiten ist also, wenn man Dinge von einem Haufen zu einem anderen trägt." Kosmo sieht ihn an und lacht: „Bin ich froh, dass wir nicht arbeiten." „Ich auch", sagt Klax und kichert, „wir sammeln lieber Tannenzapfen."

Am Abend liegen Kosmo und Klax in ihrem Bett, und das ganze Baumhaus duftet nach den Zapfen, die sie aus dem Wald mitgebracht haben. „Weißt du, was ich glaube", flüstert Klax und betrachtet den riesigen Berg mit den Tannenzapfen, „wir haben heute auch gearbeitet." „Hm", gähnt Kosmo, „und Arbeiten macht ganz schön müde."

B wie BLAUBEERE

Begeistert fallen Kosmo und Klax ihrer Freundin Frau Gans um den Hals. „Juchhu“, ruft Klax, „eine Verkleidungsparty. Das wird lustig!“ Doch dann fällt ihm ein: „Als was sollen wir uns eigentlich verkleiden, gibt es irgendein Motto?“ Frau Gans macht eine bedeutende Pause. „Ja“, sagt sie mit stolzgeschwellter Brust, „das Motto lautet: Besonders blau.“ Kosmo versteht nur Bahnhof. Aber Klax strahlt bis über beide Ohren und jubelt aufgeregt: „Oh, wie toll!“ Frau Gans lacht. „Wer das beste blaue Kostüm hat, ist der Sieger. Also strengt euch an!“ Dann macht sie sich auf den Heimweg und winkt den beiden zum Abschied mit ihrem Sonnenhut.

„Ich hab schon eine Idee“, ruft Klax. Kosmo sieht ihn gespannt an. „Wir pflücken Blaubeeren und basteln uns daraus eine Kette.“ Kosmo ist beeindruckt. Die beiden nehmen zwei Becher zum Sammeln der Beeren und hüpfen gut gelaunt zum Tannenwald. Dort finden sie viele Blaubeersträucher mit dunkelblauen Beeren daran. Klax ist vor Freude außer Rand und Band. Er rollt hierhin und dorthin. Noch eine Blaubeere und noch eine, immer weiter füllt sich sein Becher. Doch plötzlich schreit er auf und springt mit einem Riesensatz zu Kosmo. „Was ist mit dir?“, fragt Kosmo besorgt. Der kleine Ball hält sich wimmernd den dicken Bauch und schluchzt: „Es brennt überall.“ „Oje, du bist in Brennnesseln gerollt“, stellt Kosmo fest und nimmt seinen Freund tröstend in die Arme. Wie gut, dass er sich an einen Trick von Frau Eule erinnert: „Spucke, du musst Spucke auf die Stellen machen, die brennen.“ Nach kurzer Zeit wird das Jucken immer weniger, und sie können weiter Blaubeeren sammeln.

Am Nachmittag treffen sich alle bei Frau Gans. Passend zum Motto ist der Himmel wolkenlos blau und die Stimmung bestens. Bibo Biber trägt eine riesengroße blaue Brille und Frau Gans einen neuen Hut, besetzt mit blauen Steinen. Herr Mümmelmann hat sich die Barthaare blau gefärbt, und Lili Graumaus hat sich einen Blumenkranz aus Glockenblumen geflochten. Kosmo trägt stolz die selbst gebastelte Kette aus Blaubeeren und Klax ... ja, wo ist eigentlich seine Kette? Alle sehen ihn an. „Die schmecken so lecker", piepst Klax und schiebt sich verschämt die letzte Blaubeere in den Mund. „Jetzt kannst du aber nicht mehr Mottosieger werden", sagt Lili Graumaus. Klax guckt sie entsetzt an. „Oh, das hab ich ganz vergessen. Nun habe ich ja nichts Blaues mehr." Traurig blickt er in die Runde. Doch in diesem Moment passiert etwas Seltsames. Frau Gans ist die Erste, die die Veränderung an Klax bemerkt. „Wie siehst du denn aus?", ruft sie und sieht den kleinen Ball mit großen Augen an. Klax ist gar nicht mehr rot, sondern blau, vollkommen blau. Kosmo hält sich vor Lachen den Bauch. „Klax sieht ja aus wie eine Blaubeere." „Ich glaube", verkündet Frau Gans, „der Gewinner unserer Mottoparty ist Klax, unser Blaubeerball!" Alle jubeln. Und Klax wird vor Verlegenheit doch glatt ein bisschen rot – oder violett?

C wie COUSIN

Cousin Knabba, der kleine Siebenschläfer, will überraschend zu Besuch kommen. Kosmo und Klax freuen sich sehr auf den besonderen Gast. Denn Kosmos Cousin kann viele lustige Geschichten erzählen und bringt von seinen Reisen oft außergewöhnliche Dinge mit.

Als Knabba am späten Vormittag mit seinem Koffer vor der Tür steht, ist die Freude groß. Kosmo fällt seinem Cousin überschwänglich um den Hals. Klax hingegen blickt erwartungsvoll auf Knabbas Koffer. „Hast du uns etwas mitgebracht?“, fragt er neugierig. „Natürlich“, sagt Knabba und öffnet mit einem Augenzwinkern seinen Koffer. „Voilà Frankreich!“, ruft er und zaubert eine ganze Reihe französischer Leckereien hervor. Einen riesigen Camembert, Croissants, ein Baguette und – ja, was ist denn das? „Eine original französische Crêpes-Pfanne“, erklärt Knabba und hält die Pfanne wie einen Pokal in die Luft. „Wir feiern heute ein französisches Fest!“ „Juchhu!“ Kosmo und Klax sind begeistert und laden all ihre Freunde für den Nachmittag ein.

Das Fest wird ein voller Erfolg. Alle singen mit Knabbas Hilfe französische Lieder, tanzen ausgelassen im Baumhaus herum und essen Unmengen von Knabbas selbst gemachten Crêpes. Als die Freunde erschöpft sind und mit vollem Bauch auf dem Boden sitzen, fragt Knabba in die Runde: „Kennt ihr Ching, Chang, Chong?“ Alle gucken ihn ratlos an. „Das ist chinesisch, oder?“, sagt Klax. „Nein“, erklärt Knabba und lacht, „das ist ein Spiel. Dabei müsst ihr mit den Händen verschiedene Gegenstände formen, zum Beispiel Schere, Papier, Stein oder …“ „Das Spiel kenne ich“, unterbricht Herr Mümmelmann, „das heißt bei uns aber Schnick, Schnack, Schnuck.“ „Ja“, kräht Frau Gans, „ich liebe dieses Spiel.“ Auch Lili Graumaus nickt zustimmend. Eine Weile spielen sie einträchtig Ching, Chang, Chong. Doch dann kommt es zu einem Streit. Kosmo hat einen Stein und Klax eine Schere geformt. Siegessicher ruft Kosmo: „Gewonnen!“ Denn nach den Spielregeln macht der Stein die Schere stumpf, und damit hat Klax verloren. „Meine Schere bleibt aber scharf“, sagt Klax trotzig. „Sie wird nämlich durch den Stein geschliffen.“ Kosmo stutzt. „Du schummelst ja.“ „Tu ich nicht“, flunkert Klax selbstbewusst, „ich spiele Ching, Chang, Chong auf französisch.“ „Du kannst doch gar kein Französisch“, entgegnet Kosmo. „Oh doch“, sagt Klax.

„Ching, Chang, Chong – ding, dang, dong – sur le plong – d´avignon. Voilà!“

„Klax, du bist ja ein richtiger Clown“, rufen alle im Chor. „Aber du hast trotzdem verloren“, sagt Lili Graumaus. „Ich weiß“, gibt Klax kleinlaut zu, „aber ich wollte auch mal gewinnen.“ „Weißt du was“, sagt Kosmo und umarmt Klax, „dann spielen wir Ching, Chang, Chong jetzt eben auf klaxisch.“ Klax strahlt bis über beide Ohren.

D wie DOSE

Die Mittagshitze liegt drückend über dem Tal des verwunschenen Parks. Seit fast zwei Wochen hat es nicht mehr geregnet. Nicht nur alle Tiere leiden unter der Trockenheit, auch die Pflanzen und Bäume lassen ihre Blätter hängen. Kosmo und Klax haben diese Nacht auf dem Dach ihres Baumhauses geschlafen, weil es in ihrem Bett viel zu heiß war.

„Ich hab Durst“, stöhnt Klax und rollt langsam den Baum hinunter. „Ich auch“, murmelt Kosmo und blickt erwartungsvoll zum Himmel. Doch es ist weit und breit keine Regenwolke zu sehen. Enttäuscht klettert er hinter Klax her.

Träge laufen sie zum Fluss hinunter, um sich abzukühlen. Doch vom Fluss ist nur noch eine kleine, dreckige Pfütze übrig geblieben. Alle Tiere haben sich dort versammelt und starren ratlos auf das vertrocknete Flussbett. „Wenn es doch nur endlich regnen würde“, jammert Frau Gans und fächelt sich mit ihrem Sonnenhut ein wenig Wind zu.

Da fällt Klax ein, dass er vor einigen Tagen Wasser in eine alte Dose gefüllt und unter einem Busch versteckt hat. Triumphierend rollt er los, um die Dose zu holen. Aber was ist das? Es ist gar kein Wasser mehr darin! „Jemand hat mein Wasser geklaut“, schreit er so laut, dass Kosmo erschrocken zu ihm rennt. „Warst du das?“, fragt Klax und sieht Kosmo vorwurfsvoll an. „Ich?“, ruft Kosmo entrüstet. „Nein, das war ich nicht!“

Herr Mümmelmann, der mit seinen langen Hasenohren alles mit angehört hat, kommt dazu.

„Ich, ich bin ein sehr guter Detektiv“, prahlt er und hoppelt aufgeregt vor und zurück. „Ich finde den Dieb.“ Zu dritt machen sie sich auf die Suche. Aber keines der Tiere kommt als Dieb infrage. Denn niemand wusste von dem Wasser.

Am späten Nachmittag geben die drei ihre Suche enttäuscht auf. Doch nur wenig später hören sie ein gewaltiges Donnern, und kurz darauf erhellt ein Blitz den dunklen Himmel. „Juchhu“, schreit Kosmo und springt auf, „gleich regnet es.“ Kaum hat er es ausgesprochen, fallen schon die ersten, dicken Regentropfen vom Himmel.

„Los“, ruft Klax und reißt Kosmo mit sich, „wir nehmen eine Dusche.“ Sie fassen sich an den Händen und tanzen ausgelassen im warmen Regen. „Guckt mal“, piepst Lili Graumaus und zeigt zum Fluss, der sich stetig mit Wasser füllt, „wir können auch wieder baden.“ „Super.“ Klax freut sich. „Ich hole noch schnell meine Dose zum Spielen.“ Plötzlich quietscht er ganz aufgeregt: „Kosmo, komm mal.“ Das Eichhörnchen eilt herbei. Erstaunt stellen Kosmo und Klax fest, dass die Dose wieder randvoll mit Wasser ist. Da dämmert es beiden. Niemand hatte das Wasser aus der Dose geklaut. Das Wasser war verdunstet, genau wie das Wasser im Fluss. „Wie dumm von uns“, rufen beide und fangen an zu lachen.

E wie EFEU

Es bläst ein kalter Wind an diesem Morgen. Kosmo und Klax liegen eng aneinander gekuschelt in ihrem Baumhaus und erzählen sich Geschichten von Einhörnern, Feen und Elfen. Plötzlich hören sie ein lautes Knacken und Ächzen. „Was war das?“ Kosmo spitzt die Ohren. „Ich weiß nicht“, flüstert Klax. Da hören sie es wieder. Ein lautes Stöhnen, das aus dem Innern des Baumes zu kommen scheint. Es klingt, als würde jemand nur mühsam Luft bekommen. Erschrocken sehen sich Kosmo und Klax an. „Glaubst du, unser Baum ist krank?“, fragt Klax leise. „Ich weiß nicht“, wispert Kosmo unsicher, „vielleicht sollten wir Frau Eule um Rat fragen.“ Klax nickt eifrig.

Als sie Frau Eule von ihrem Baum erzählen, sagt sie mit tiefer Stimme: „Keine Sorge. Euer Baum ist eine Eiche, und Eichenbäume können sehr, sehr alt werden. Aber wenn ihr wissen wollt, ob es eurem Baum gut geht, müsst ihr die Baumelfe um Rat fragen.“ „Wir haben eine Baumelfe?“, rufen Kosmo und Klax erstaunt. „Jeder Baum hat eine Elfe“, erklärt Frau Eule. „Wenn der Wind günstig steht, kann man sie manchmal hören.“

Als Kosmo und Klax wieder zu Hause sind, setzen sie sich hoch oben in die Baumkrone und lauschen angestrengt auf das Rauschen des Windes. Zunächst verstehen sie nichts, aber nach einer Weile formen sich aus dem Rascheln der Blätter einzelne Wörter. „Es ist so eng“, stöhnt die Baumelfe, und ein hölzernes Knacken entweicht dem Stamm der alten Eiche.

Da erst bemerken Kosmo und Klax, dass der Baumstamm und auch ein Großteil der Äste über und über von Efeu umrankt sind. „Ich glaube, die Eiche braucht Hilfe. Der Efeu muss weg. Sonst erstickt unser Baum. Komm, wir holen die anderen“, ruft Kosmo. Herr Mümmelmann, Lili Graumaus und Frau Gans lassen sich nicht lange bitten. Auch Bibo Biber ist sofort dabei und macht sich mit seinen langen Biberzähnen an die Arbeit.

„Ich bin Bibo Biber, ein Held mit Kaliber,
wenn es irgendwo zwickt oder drückt, ich knabber wie verrückt,
ob Buche, Eiche oder Borke, ich säge alles, 1a Knorke.“

Wie ein Wirbelwind saust Bibo Biber umher, so schnell knabbert er den Efeu ab, dass die anderen Mühe haben, mit dem Sammeln der abgefallenen Efeuranken nachzukommen.

Als Kosmo und Klax abends erschöpft in ihrem Bett liegen, streift ein sanfter Windhauch ihre Köpfe. Ehrfürchtig schauen sie sich an. „Das war unsere Baumelfe“, flüstert Klax. „Ja“, sagt Kosmo leise, „ich glaube, sie hat Danke gesagt.“

F wie FAHRRAD

Für einen Moment können Kosmo und Klax und ihre Freunde es nicht fassen: Im Graben neben dem Feldweg liegt ein altes Fahrrad. Der Lenker ist ein wenig verbogen, und die Reifen haben kaum noch Luft, aber ansonsten ist es ein richtiges Fahrrad. „Juchhu", ruft Klax, „jetzt können wir zusammen Fahrrad fahren." Mit vereinten Kräften ziehen die Freunde das Fahrrad aus dem Graben und lehnen es an einen Baum. „Hm", meint Lili Graumaus und begutachtet das Fahrrad eingehend, „die Reifen sind platt, also …" „… müssen wir sie aufpusten", ruft Herr Mümmelmann vorlaut. „Nein, wir müssen das Loch finden und es flicken", widerspricht Lili Graumaus. „Das, das wollte ich ja auch gerade sagen", flunkert Herr Mümmelmann, und seine Ohrenspitzen werden ein bisschen rot. „Aber wie finden wir das Loch?", fragt Klax. „Also mein Onkel Rudi hält die Reifen immer unter Wasser. Und dort, wo Bläschen aufsteigen, ist das Loch", erklärt Lili Graumaus stolz. „Na dann, an die Arbeit", ruft Kosmo voller Tatendrang.

Und los geht es. Während Kosmo den Schlauch aus dem Mantel zieht und das Loch sucht, besorgt Frau Gans aus der Fundgrube der Elster ein dickes Klebeband zum Flicken des Loches. Schließlich haben sie es geschafft. Das Loch ist geflickt, die Fahrt kann beginnen. „Frau Gans, du lenkst", kommandiert Kosmo. „Lili und ich übernehmen das linke und Mümmelmann und Bibo das rechte Pedal." „Und ich?", piepst Klax. Kosmo überlegt kurz. „Du sitzt auf dem Hut von Frau Gans und gibst die Richtung an." Zufrieden nehmen alle ihre Positionen ein. „Volle Fahrt voraus", ruft Klax, und Frau Gans klingelt begeistert mit der Fahrradklingel.

Die Freunde treten ordentlich in die Pedale. Sie radeln vorbei an Feldern und Wiesen, Wäldern und Flüssen. Der Fahrtwind rauscht ihnen um die Ohren.

Plötzlich hören sie ein merkwürdiges Geräusch. „Fffffff-fff-fff", macht es, und im selben Moment beginnt das Fahrrad, bedenklich hin- und herzuschwanken. „Hilfe, ich kann nicht mehr richtig lenken", schreit Frau Gans und wackelt so hysterisch mit dem Kopf, dass Klax fast von ihrem Hut herunterfällt. Panisch ruft er: „Neiiiin. Liiiinks. Wir fahren direkt auf den See …" Aber zu spät. Das Fahrrad rast über einen dicken Stein und überschlägt sich in der Luft. „Ooohhhaaaahhh", schreien alle, als sie mit einem lauten Platsch im See landen.

„Gott, hab ich mich erschrocken." Frau Gans umklammert ängstlich ihren Hut. Herr Mümmelmann paddelt mit seinen langen Ohren hastig ans Ufer: „Oje, oje, ich hasse Wasser!" Als alle wieder an Land sind, sagt Klax traurig: „Unser schönes Fahrrad ist einfach untergegangen." Wehmütig blicken die Freunde auf den See. Da klingelt etwas. „Huch", quietscht Frau Gans vergnügt, „die Fahrradklingel hat sich in meinem Hut verheddert." „Jetzt wissen wir immer, wo du bist", meint Lili Graumaus und grinst verschmitzt.

G wie GEBURTSTAG

Guten Morgen", ruft Kosmo gut gelaunt und schaut aus dem Fenster. Es ist ein Tag wie aus dem Bilderbuch. Und heute ist sein Geburtstag. „Wollen wir zu Frau Gans gehen und Gummitwist spielen?", fragt Kosmo und blickt Klax erwartungsvoll an. „Ach nein", murmelt Klax, „geh schon mal vor. Ich muss noch was machen." „Was denn?", will Kosmo wissen. „Das ist mein Geheimnis." Klax lächelt verschwörerisch. „Ach so. Ja dann … bis später", murmelt Kosmo enttäuscht und klettert allein den Baum hinab.

Von weitem hört er Frau Gans, Lili Graumaus, Herrn Mümmelmann und Bibo Biber aufgeregt miteinander reden. Doch als er hinzukommt, verstummen sie schlagartig. „Was machst du denn schon hier?", fragt Lili Graumaus, und ihre Stimme klingt fast ein wenig vorwurfsvoll. „Wieso?", erkundigt sich Kosmo irritiert, „ich will mit euch spielen." „Das, äh, das ist jetzt aber schlecht", stottert Herr Mümmelmann, und Lili Graumaus ergänzt mit ernster Miene: „Ja, wir müssen nämlich noch etwas sehr Wichtiges besprechen." „Geh doch schon mal vor zur großen Wiese. Wir kommen gleich nach", meint Frau Gans. „Okay", murmelt Kosmo und trottet mit hängendem Schwanz davon.

„Herzlichen Glückwunsch zum Geburtstag", ruft es da plötzlich hinter ihm. Erstaunt dreht sich Kosmo um. Da entdeckt er Klax, der vorsichtig den Hügel hinunterrollt. Auf seiner Krone balanciert der kleine Ball einen Geburtstagskuchen mit vielen Kerzen darauf. „Den hab ich für dich gebacken", piepst Klax und drückt Kosmo einen dicken Kuss auf die Wange. In diesem Moment kommen auch die anderen Freunde angelaufen. „Guck mal, was wir für dich gebastelt haben", meint Lili Graumaus aufgeregt und überreicht Kosmo ein großes Buch. Gerührt nimmt Kosmo das Geschenk entgegen. „Das ist ein ganz besonderes Freundschaftsbuch. Von uns allen", erklärt Herr Mümmelmann stolz. Kosmo strahlt mit der Sonne um die Wette.

„Eins, zwei, drei und hepp – jetzt kommt der Geburtstagsrap!", trällert Frau Gans, und Bibo Biber übernimmt:

„Deine Spiele sind der Hit, Alter du bist einfach fit. – Du kletterst Bäume rauf und runter, bist immer witzig und putzmunter. – Abenteuer liebst du sehr, und wir dich dafür umso mehr. – Über Wald und Wiese tollen, oder auch im Baumhaus schmollen. – Mit dir kann man die tollsten Sachen machen. Deshalb lieber Kosmo: Lass es krachen."

H wie HINDERNIS

Hoppla“, ruft Kosmo, als er über einen Ast stolpert, der quer über dem Weg liegt. In der Nacht hatte es heftig gestürmt. Bäume waren samt ihrer Wurzeln herausgerissen. Und überall auf dem Waldboden lagen nun Rindenstücke und dicke Äste.

„Hui, das sieht ja aus wie bei den Hottentotten!“ Klax lacht und rollt auf einem umgeknickten Baumstamm entlang.

„Klax! Weißt du, was wir machen“, schlägt Kosmo vor, und seine Augen leuchten vor Aufregung, „wir organisieren einen richtigen Hindernislauf für unsere Freunde.“ „Oh ja“, jubelt Klax und versucht, unter einem Ast hindurchzurollen.

Den ganzen Morgen verbringen die beiden damit, eine Hindernisbahn aufzubauen. Sie schichten Äste zu kleinen Haufen übereinander, die man überwinden muss. Sie legen Steine in verschiedenen Abständen auf den Boden, um die man herumlaufen muss wie bei einem Slalom. Sie graben Löcher und bauen eine Brücke über den Bach. Zum Schluss markieren sie jedes Hindernis mit einer Nummer, damit man später die Reihenfolge weiß.

Als sie fertig sind, bitten sie Frau Eule, die Tiere im Wald zu informieren. Die Nachricht von der Hindernisbahn verbreitet sich wie ein Lauffeuer. Alle wollen mitmachen. Lili Graumaus, Herr Mümmelmann, Frau Gans und Bibo Biber haben sich angemeldet, außerdem drei Rehe, zwei Maulwürfe, der Fuchs und ein Otter.

Kosmo erklärt allen Teilnehmern die Regeln. Dann gibt Frau Eule das Startzeichen. Herr Mümmelmann ist der Schnellste im Slalomlaufen, denn als Hase kann er besonders gut Haken schlagen. Klax rollt am sichersten über Baumstämme, und Lili Graumaus krabbelt geschickt durch Löcher und Gräben. Frau Gans hat ein wenig Schwierigkeiten, beim Balancieren das Gleichgewicht zu halten. Aber dafür kann niemand so elegant einbeinig wie sie von Stein zu Stein hüpfen. So hat jeder seine besonderen Fähigkeiten. Bibo Biber aber ist der Wildeste. Übermütig saust er an allen vorbei und dichtet:

„Hurtig Freunde, hebt das Bein –
Halleluja sag ich, der Sieg ist mein."

In diesem Moment rutscht er von einem Ast ab und fällt unsanft auf seinen Po. „Autsch, Padautz", ruft er und reibt sich sein Hinterteil. Die anderen sehen ihn erschrocken an. Doch Bibo hat sich schon wieder aufgerappelt und brummelt:

„Dummdidumm – da lag er mit Krawumm!"

Alle lachen erleichtert auf.

In einer zweiten Runde helfen die Freunde sich gegenseitig bei den Hindernissen, und jeder zeigt, was er am besten kann. Am Abend haben alle so viel voneinander gelernt, dass selbst Frau Gans wie eine Seiltänzerin über Baumstämme balanciert. Mit Hut und Sonnenschirm.

I wie INSEL

In der Mitte des Sees liegt eine kleine Insel. Viele Male schon haben Kosmo und Klax am Ufer des Sees gesessen und sich ausgemalt, wie es wohl wäre, auf der Insel zu leben.

Heute ist es endlich so weit. Das Floß, das Bibo Biber für seine Freunde gebaut hat, schwimmt lautlos im Wasser. Mit seinem buschigen Eichhörnchenschwanz steuert Kosmo das Floß in Richtung Insel. „Da vorne ist sie“, ruft Klax aufgeregt.

„Unser neues Zuhause“, flüstert Kosmo, als er das Floß an einer Trauerweide am Ufer der Insel befestigt. Voller Erwartung gehen die beiden Abenteurer auf Entdeckungstour. Doch die kleine Insel ist schnell umrundet, und zu sehen gibt es auch nicht viel: keine Wiesen zum Herumtollen, keine Bäume zum Klettern, nur Unmengen moosbedeckter Steine und ein paar Büsche.

„Das hab ich mir aber anders vorgestellt“, sagt Klax enttäuscht. Da rutscht er auf etwas Glitschigem aus. „Iiiiiiiiii-Igitt!“, schreit er und deutet auf eine schmierige Masse auf dem Boden. „Was ist das denn?“, fragt auch Kosmo entsetzt. Eine winzige Nacktschnecke kriecht des Weges. „Hallo, ich bin Slimmi, und das ist meine Schleimspur“, lispelt die kleine Schnecke und mustert die beiden Einwanderer neugierig. „Aha“, murmeln Kosmo und Klax und versuchen, höflich zu lächeln. Unschlüssig sehen sie sich um. „Wohnst du hier alleine?“, fragt Klax. „Oh nein“, entgegnet Slimmi entrüstet, „hier wohnt meine Mama und mein Papa, meine Brüder Schleck, Schleimi und Schmatz, meine Cousinen Illi, Irma und Igitti, meine Cousins ...“ „Und sonst niemand?“, unterbricht Kosmo die kleine Nacktschnecke fassungslos. Als Slimmi ihn fragend ansieht, fügt Kosmo schnell hinzu: „Ich meine, keine anderen Tiere?“ „Nein, nur wir“, erwidert die Nacktschnecke fast ein bisschen trotzig und verabschiedet sich.

Minutenlang starren Kosmo und Klax auf die Schleimspur, die Slimmi beim Wegkriechen hinterlässt. „Und jetzt?“, flüstert Klax, als er endlich seine Sprache wieder gefunden hat. „Hm“, seufzt Kosmo, „sollen wir wieder nach Hause fahren?“ Klax nickt erleichtert.

Abends im Bett träumen Kosmo und Klax von ihrem Ausflug zur verwunschenen Insel und erleben dort viele spannende Abenteuer. Wie schön Träumen doch ist!

J wie JAHRESTAG

Jedes Jahr im Frühling säen Kosmo und Klax ein Samenkorn, das sie von der Bummelbiene geschenkt bekommen. Es ist nicht irgendein Samenkorn. Es ist ein Samenkorn, aus dem die schönste Blume der Welt erblüht. Aber sie ist sehr scheu und zeigt ihre volle Schönheit nur an einem einzigen Tag im Sommer.

Als Kosmo an diesem Morgen aus dem Fenster des Baumhauses schaut, was glaubt ihr wohl, hat er da entdeckt?

„Juchhu", ruft Kosmo und dreht sich zu seinem Freund Klax um, der gerade dabei ist, sich seine Krone aufzusetzen. „Heute ist unser Jahrestag!" Klax sieht ihn erstaunt an. „Woher weißt du das?" Kosmo klopft sich mit seinem buschigen Eichhörnchenschwanz aufs Herz: „Weil es Sommer war, als wir uns kennen gelernt haben, und weil ich das spüre." Klax sieht ihn bewundernd an. „Und weil unsere Blume blüht", fügt Kosmo leise hinzu. Klax reißt die Augen auf. „Ja, ist das wahr?", fragt er aufgeregt. Kosmo nickt. So schnell sie können, eilen die Freunde zu ihrer Jahrestagsblume.

Ergriffen halten sie sich an den Händen und bewundern die prächtige, rote Blüte. Klax denkt daran, wie er und Kosmo sich kennen gelernt haben. „Weißt du noch, wie traurig ich war, als ich meine Krone verloren hatte?" Kosmo nickt. „Und du hast sie gefunden", erinnert sich Klax. „Ja", stimmt Kosmo ihm zu, „und weißt du, was ICH damals gefunden habe?" Klax überlegt angestrengt, aber es fällt ihm nichts ein. „Einen Freund", sagt Kosmo und streichelt Klax über die Wange. Sie lächeln sich an.

Da hören sie ein lautes Räuspern und Kichern. Herr Mümmelmann, Lili Graumaus, die vornehme Frau Gans und Bibo Biber stehen, feierlich wie ein Chor aufgestellt, auf dem alten Spielplatz. Frau Gans gibt den Ton an. „Aaaa" singt sie mit glockenheller Stimme, und die anderen stimmen mit ein.

„Mit Kosmo und Klax die Welt ansehen,
mit Kosmo und Klax tagein, tagaus,
es ist nur ein Klax, wenn mal was schief geht,
denn Klax und Kosmo haben den Dreh raus."

K wie KISTE

Kosmo und Klax schlafen noch, als Lili Graumaus aufgeregt an die Tür klopft. „Schnell", ruft sie von draußen, „kommt mit! Bibo hat eine geheimnisvolle Kiste im Fluss gefunden." Schlagartig sind beide hellwach und folgen Lili Graumaus.

Als sie bei Bibo Bibers Bau ankommen, stehen Herr Mümmelmann und Frau Gans schon um eine große Holzkiste herum, die im morgendlichen Nebel geheimnisvoll glänzt. „Es riecht nach Salz", stellt Herr Mümmelmann beim Schnuppern an der Kiste fest. „Dann kommt sie aus dem Meer", vermutet Lili Graumaus. „Ein versunkener Schatz", kräht Frau Gans, die bei dem Gedanken an Schmuck und Geschmeide vollkommen aus dem Häuschen gerät.

„Seid ihr bereit?", fragt Bibo Biber. Alle nicken und halten vor Aufregung die Luft an. Mit seinen langen Biberzähnen beginnt Bibo, die Kiste zu bearbeiten. Als der Deckel aufspringt, starren die Freunde einige Sekunden sprachlos in die Kiste hinein. „Was ist das denn?", rätselt Lili Graumaus und deutet auf eine hölzerne Kugel. „Das ist eine Kokosnuss", sagt Frau Gans enttäuscht, „leider keine Kette." „Und das hier?", fragt Herr Mümmelmann und drückt seine Nase in eine stachelige Pflanze. „Au, au, das ist ja ein Kaktus", schreit er entsetzt und hüpft mit schmerzverzerrtem Gesicht einmal um die Kiste herum. „Du hast einen Stachel in deiner Nase stecken", kichert Lili Graumaus und befreit Herrn Mümmelmann von dem gemeinen Dorn.

„Oh, was es hier noch alles gibt", freut sich Frau Gans mit zittriger Stimme und zeigt auf die vielen bunten Muscheln und Korallen in der Kiste. Eine Muschel ist besonders groß und in sich gedreht. „Ich glaube, dass man das Meer rauschen hört, wenn man so eine Muschel ans Ohr hält", sagt Lili Graumaus. Plötzlich schreit Klax: „Guckt mal, was ich hier habe." Er hält eine Karte hoch und strahlt: „Die ist von Kiki Kugelfisch. Sie schickt mir einen Kuss." „Was?" „Das gibt es doch nicht." „Kaum zu glauben!" Alle reden aufgeregt durcheinander. Denn jeder erinnert sich noch an die bunte Kugelfischdame, die Klax vor einiger Zeit aus einem Aquarium befreit und in den Fluss gesetzt hat. „Sie hat es tatsächlich bis zum Meer geschafft", haucht Klax.

Bibo Biber holt ihn mit einem Kampfschrei zurück in die Wirklichkeit. „Ich knack die Kokosnuss entzwei – schwubbeldibubbeldiknackidei." Und schon ist die Kokosnuss geöffnet. „Guten Sauger", prostet Bibo den anderen zu und schlürft mit seinem Strohhalm die Milch aus der Kokosnuss. Die Freunde folgen begeistert seinem Beispiel. Danach darf sich jeder einmal die gedrehte Muschel ans Ohr halten und das Rauschen der Wellen hören. „Wie schön", seufzt Klax, als er an der Reihe ist, „ich würde auch so gerne mal ans Meer fahren."

L wie LEUCHTTURM

Lissy", rufen Kosmo und Klax voller Freude, als sie ihre Freundin im Morgengrauen vor dem Baumhaus stehen sehen. „Was machst du denn hier?" „Ich soll euch zu Knabba bringen", schnaubt die Pferdedame. „Und wo, wo, wohin?", fragt Klax, der vor Aufregung zu stottern beginnt." „Überraschung", wiehert Lissy und bedeutet Kosmo und Klax, auf ihrem Rücken aufzusitzen.

Schnell haben sie das Tal des verwunschenen Parks hinter sich gelassen und folgen viele Stunden lang dem Flusslauf. Eingelullt vom Plätschern des Wassers und Lissys gleichmäßigem Traben schlafen Kosmo und Klax ein. Als sie wieder aufwachen, schmeckt die Luft nach Salz, und ein Gewimmel von Möwen und Seeschwalben erfüllt den Himmel. „Wo sind wir?", fragt Kosmo und reibt sich mit seinem Schwanz den Schlaf aus den Augen. Klax rutscht unruhig auf Lissys Rücken herum. Und dann sehen sie die Überraschung: das Meer. Unendlich groß und blau liegt es vor ihnen und schimmert einladend im Sonnenlicht. Lissy setzt die beiden auf einer Sanddüne ab. „Da wohnt Knabba", wiehert sie und zeigt auf einen rotweiß gestreiften Leuchtturm. Dann verabschiedet sie sich.

Beeindruckt schauen Kosmo und Klax zur Spitze des Turmes. Ein kleines Fenster öffnet sich. „Da seid ihr ja", schreit Knabba gegen die Brandung an. Er rennt die vielen gewundenen Treppenstufen hinab und begrüßt die Reisenden überschwänglich.

„Was machst du hier?", fragt Kosmo und mustert Knabba neugierig. „Ach, mein Lieber", seufzt Knabba, „hier war eine Stelle als Leuchtturmwärter zu vergeben, und ich dachte, das wäre was für mich." „Wie aufregend", rufen Kosmo und Klax gleichzeitig. „Oh non", widerspricht Knabba, „es ist schrecklich langweilig. Ab und an kommt mal ein Boot, dann muss ich Licht anmachen, das war es." Kosmo und Klax gucken betreten, doch Knabba strahlt schon wieder. „Aber jetzt seid ihr ja da. Kommt, wir gehen zum Strand."

Sie laufen durch die Dünen zum Strand. Mit leuchtenden Augen bestaunen Kosmo und Klax alles, was es dort zu sehen gibt. Möwenfedern, Treibholz und ganz viele Muscheln. „Schaut mal, was ich hier habe", ruft Kosmo und hält eine leere Limoflasche in die Luft. Klax hüpft begeistert auf und ab. Denn er hat schon eine Idee, was er mit der Flasche machen will.

Am Abend feiern die drei bis spät in die Nacht. Sie essen Lachsbrötchen und Krabben und lachen über die vielen lustigen Geschichten, die Knabba erzählen kann.

„Was für ein Leben", denkt Klax, als er am Abend neben Kosmo im Gästebett des Leuchtturms liegt. Glücklich lauscht er dem Rauschen des Meeres und träumt von Kiki Kugelfisch. Ob sie seine Flaschenpost wohl schon bekommen hat?

M wie MURMEL

Manno, immer kriegt Lili die blaue Murmel", mault Klax und zieht ein beleidigtes Gesicht. „Stimmt gar nicht", mosert Lili Graumaus zurück, „Frau Gans hat andauernd die blaue Murmel. „Ich", kräht Frau Gans entrüstet, „ich kriege nur die gelben Murmeln. Herr Mümmelmann hat immer die blauen." „Mo-Mo-Moment", stottert Herr Mümmelmann aufgeregt, „ich-ich hatte noch nie die blaue Murmel." „Wieso müsst ihr eigentlich die ganze Zeit meckern?", unterbricht Kosmo die Streithähne. „Die blaue Murmel habe ich, aber ich hätte viel lieber eine gelbe Murmel." Einen Moment lang herrscht nachdenkliche Stille, dann lachen alle. Haben sie tatsächlich über solchen Unsinn gestritten?

„Während alles denkt und sich verrenkt, hat Bibo längst die Murmel versenkt", ruft Bibo in das Gelächter hinein und holt Schwung. In hohem Bogen fliegt seine Murmel durch die Luft, über den Sandkasten hinaus bis auf die Wiese. Dort rollt die Murmel noch ein kleines bisschen weiter und verschwindet in einem Loch. „Oje", murmelt Lili Graumaus, „das ist das Loch vom Maulwurf. Hoffentlich haben wir ihn nicht bei seinem Mittagsschlaf gestört." „Was für ein Missgeschick", jammert Herr Mümmelmann und hüpft aufgeregt zu dem Loch. Irritiert rümpft er die Nase: „Pfui. Das müffelt aber." „Und wie", pflichtet ihm Klax bei, als er heranrollt.

In diesem Moment hören sie ein müdes Stöhnen aus dem Loch. Plopp. Die verlorene Murmel kommt zum Vorschein und hinterher ein kleiner Maulwurf, der sich benommen den Kopf reibt. Blinzelnd sieht er sich um: „Was war denn das auf meinem Kopf?" „Eine Murmel", rufen alle, und Bibo Biber entschuldigt sich wortgewandt für den ungeschickten Treffer. Der Maulwurf ist zunächst ein bisschen mürrisch, als er jedoch begreift, dass die Freunde mit Murmeln spielen, ist sein Ärger auf der Stelle verpufft. „Wartet", ruft er mit einem Mal hellwach, „ich spiele auch mit." Er verschwindet in seinem Maulwurfsloch und erscheint wenig später mit mehreren Kugeln in seinen Händen. „Das sind meine Murmeln", erklärt er. „Die riechen aber komisch", bemerkt Frau Gans und fächelt sich mit ihrem Hut frische Luft zu. „Natürlich, das sind ja auch Mottenkugeln, die müffeln", sagt der Maulwurf stolz. „Wollen wir damit spielen?" Die Freunde sehen sich entsetzt an. Doch Lili Graumaus erklärt: „Der Maulwurf ist doch fast blind. Wir müssen mit seinen Mottenkugeln spielen. Sonst hat er keine Chance." Da gibt sich Frau Gans einen Ruck und ruft entzückt: „Ich liebe den Duft von Mottenkugeln. Lasst uns beginnen." Der kleine Maulwurf strahlt. Den ganzen Nachmittag spielen sie zusammen mit den Mottenkugeln. Der Maulwurf gewinnt fast jede Runde und freut sich diebisch. Nur gut, dass er nicht sieht, wie sich die anderen beim Spielen die Nase zuhalten.

N wie NIEMANDSLAND

Nördlich vom Tal des verwunschenen Parks liegt das Niemandsland. Warum es so heißt, weiß niemand mehr so genau. Die Tiere im Wald erzählen sich, dass dort ein gefährlicher Luchs lebt. Aber gesehen hat ihn bisher noch niemand.

Es ist ein sonniger Herbsttag, als Kosmo und Klax die Neugierde packt. Sie wollen das Niemandsland endlich selbst erkunden. Bepackt mit einem Rucksack voller Nüsse und Äpfel machen sie sich gut gelaunt auf den Weg.

Als sie die Grenze zum Niemandsland überschreiten, verdunkelt sich der Himmel plötzlich, und ein dichter Nebel legt sich über die Natur. Bald schon können die beiden Freunde einander nur noch schemenhaft erkennen. Stumm laufen sie hintereinander her und konzentrieren sich darauf, nicht vom Weg abzukommen. „Kosmo", fragt Klax nach einer Weile ängstlich, „bist du noch da?" Niemand antwortet. Panisch rollt Klax hin und her und ruft unentwegt Kosmos Namen. Nichts. Der Nebel scheint alles zu verschlucken. Selbst Klax' Stimme klingt eigenartig belegt.

Plötzlich sieht er zwei stechend goldgelbe Punkte vor sich. Ob das wohl der Luchs ist? „Wer ist da?", flüstert Klax, und nur sein pochender Herzschlag durchbricht die Stille. „Niemand", sagt der Luchs, und seine Stimme klingt traurig. Da fasst sich Klax ein Herz. „Ich habe meinen Freund Kosmo, ein kleines Eichhörnchen, verloren. Kannst du mir helfen, ihn zu finden?" Ewas Weiches, Flauschiges legt sich in Klax' Hand. „Hier. Halte dich gut daran fest", wispert der Luchs. Klax umfasst den Schwanz des Luchses und folgt dem lautlosen Gefährten. Nach kurzer Zeit hört er Kosmo, der weinend seinen Namen ruft. Überglücklich rollt Klax zu ihm. Als Kosmo seinen Freund entdeckt, fällt er ihm erleichtert um den Hals. „Ich hab dich so vermisst", schluchzt er. „Ich dich auch", flüstert Klax und streichelt Kosmos Nase. Da fängt Kosmo wieder an zu weinen: „Wie sollen wir bloß jemals aus dem Niemandsland herausfinden?" Klax sieht sich suchend nach seinem Helfer um, kann ihn aber nirgendwo entdecken. „Bitte hilf uns", ruft Klax in den Nebel hinein. Zwei goldgelbe Punkte funkeln hinter einem Baum. „Komm", sagt Klax und nimmt Kosmo an die Hand, „wir müssen da lang." Ohne Widerrede folgt Kosmo dem kleinen roten Ball, der entschlossen vor ihm herrollt. Und langsam, ganz langsam schwindet der Nebel. Wenig später können Kosmo und Klax auch den Weg wieder erkennen. „Sag mal", meint Kosmo nach einer Weile nachdenklich, „mit wem hast du eigentlich die ganze Zeit geredet?" Klax blickt gedankenverloren zurück in den Nebel des Niemandslandes und murmelt: „Mit niemand."

O wie OPER

„O sole mio", schmettert Frau Gans und fällt Bibo Biber überschwänglich um den Hals. „Oje, oje, das tut ja in den Ohren weh", murmelt Bibo Biber und windet sich aus ihrer Umarmung. „Was hast du gesagt?", stutzt Frau Gans. „Ich sagte: Olé, olé, du singst wie eine Zauberfee." Frau Gans strahlt Bibo mit geröteten Wangen an. „O-o-o", trällert sie Tonleitern rauf und runter, „die Oper ist so schön, kein Tag darf ohne sie vergehen."

Kosmo, der das Geschehen beobachtet hat, sieht Klax entsetzt an. „Was ist denn mit der los?", fragt er leise. „Sie war gestern mit Bibo in der Oper, und jetzt möchte sie unbedingt Sängerin werden", flüstert Klax zurück. Frau Gans hakt sich bei Bibo Biber unter und zieht laut singend mit ihm davon. „O sole mio", stöhnt Kosmo und hält sich die Ohren zu, „ich glaub, ich hab einen Ohrwurm." „Oje", sagt Klax, „was kann man denn dagegen machen?" Ratlos schüttelt Kosmo den Kopf. „Warte hier. Ich frage die anderen Tiere", ruft Klax und rollt sofort los.

Auf der großen Wiese trifft er den Maulwurf, der sich gerade sonnt. „Hallo Herr Maulwurf", begrüßt ihn Klax, „mein Freund Kosmo hat einen Ohrwurm. Weißt du, was man dagegen machen kann?" Der Maulwurf lugt gelangweilt hinter seiner Sonnenbrille hervor: „Keine Ahnung. Vielleicht ins Ohr pusten." „Aha", sagt Klax ungläubig und rollt weiter.

Da schwirrt ein Schmetterling an ihm vorbei. „Hallo Herr Schmetterling", ruft Klax ihm zu, „mein Freund hat einen Ohrwurm. Weißt du, was man dagegen machen kann?" „Tut mir leid", winkt der Schmetterling ab, „aber aus dem Wurmalter bin ich raus." Majestätisch fliegt er davon. Ratlos blickt Klax dem Falter hinterher.

In diesem Moment kommen Herr Mümmelmann und Lili Graumaus des Weges. „Hallo ihr zwei. Kosmo hat einen Ohrwurm. Wisst ihr, was man dagegen machen kann?" Bei dem Wort Ohrwurm fangen die langen Löffel von Herrn Mümmelmann wie wild an zu zucken. „O-O-Ohrwurm", stottert er, „das klingt ja fürchterlich." „Ach Quatsch", beruhigt ihn Lili Graumaus, „das ist doch nichts Schlimmes. Kosmo muss einfach ein anderes Lied hören, dann ist er seinen Ohrwurm los." „So einfach geht das?", fragt Klax. „Ja", sagt Lili Graumaus, „lasst uns sämtliche Tiere zusammentrommeln, die ein Instrument spielen."

Kurz darauf hat sich auf dem alten Spielplatz ein kleines Orchester formiert. Herr Mümmelmann trommelt mit seinen langen Löffeln den Takt, zehn Regenwürmer zupfen eine Gitarre, ein Otter spielt virtuos auf der Oboe, und Lili Graumaus pfeift die zweite Stimme dazu. Gerade als Kosmo begeistert ruft: „Mein Ohrwurm ist weg", kommt Frau Gans mit Bibo Biber um die Ecke. „Popmusik", krächzt sie und fällt in Ohnmacht. Die Musiker halten entsetzt inne. Da öffnet Frau Gans die Augen und singt: „O sole mio."

P wie PICKNICK

Prima, die Sonne scheint!" Kosmo und Klax freuen sich, als sie aus dem Fenster ihres Baumhauses schauen. Es ist ein strahlender Sommertag. Die Vögel zwitschern im Kanon, und die Blumen wiegen im Takt ihre Blüten dazu. Und genau heute haben sich Kosmo und Klax mit ihren Freunden zum Picknick verabredet. Eilig packen sie ihren Proviant ein und laufen zum Treffpunkt auf der großen Wiese. Dort warten schon Herr Mümmelmann, Lili Graumaus und Frau Gans. Auch sie haben in einem großen Picknickkorb einiges mitgebracht: selbst gemachte Preiselbeermarmelade von Lili Graumaus, Pflaumen von Herrn Mümmelmann und leckeren Plunderkuchen von Frau Gans. „Wo Bibo nur bleibt?", wundert sich Frau Gans. „Der ist doch sonst immer pünktlich." Kaum hat sie den Satz ausgesprochen, kommt Bibo Biber auch schon mit einem Bollerwagen um die Ecke gerast: „Palim, Palim, simsalabim – hier kommt Bibo Biber, der Held mit Kaliber."

Die Freunde laden den Picknickkorb in den Bollerwagen, und los geht es. Wechselweise muss jeder einmal den Wagen ziehen. Sie wandern fröhlich über Felder und Wiesen und singen lustige Lieder. Schließlich legen sie auf einer Lichtung im Wald eine Pause ein.

„Für mein Schätzchen, ein schattiges Plätzchen", reimt Bibo Biber für Frau Gans und breitet eine große Decke aus. „Los, bevor wir essen, machen wir ein paar Purzelbäume", ruft Klax und rollt begeistert einen kleinen Hügel hinauf. Alle folgen seinem Beispiel. Immer und immer wieder rollen sie den Hügel hinauf und wieder hinunter. „Puh", ruft Kosmo nach dem zehnten Mal erschöpft, ich brauche eine Pause." „Wieso?", schreit Klax. „Purzelbäume schlagen ist doch pipileicht." Der kleine Ball rollt noch einmal ausgelassen den Hügel hinunter. „Für dich, ja", stöhnen alle anderen und bleiben regungslos im Gras liegen. „Außerdem hab ich Hunger", sagt Kosmo, und die Freunde nicken zustimmend. Sie setzen sich in einen Kreis und breiten all die leckeren Sachen aus dem Picknickkorb auf der Decke aus. Eine ganze Zeit lang hört man nur genüssliche Schmatzgeräusche. Plötzlich verzieht Klax das Gesicht und piepst: „Ich hab Bauchweh." „Du hast zu schnell gegessen", meint Lili Graumaus. „Das kommt von den Pflaumen", ist sich Frau Gans sicher. Bibo Biber klopft Klax kameradschaftlich auf die Schulter: „Sitzt dir mal ein Pupser quer, mach es dir nicht allzu schwer – lass ihn raus, mit Gebraus."

Alle prusten laut los, und auch Klax muss schrecklich lachen. So laut lachen die Freunde, dass keiner Klax' Pups hört. Der kleine Ball ist erleichtert und steckt Kosmo grinsend eine Pflaume in den Mund.

Q wie QUELLE

Quatsch. So ein Quatsch", widerspricht Herr Mümmelmann, „so etwas gibt es gar nicht." „Ehrlich", beteuert Lili Graumaus, „Onkel Rudi hat gesagt, dass aus der Quelle unter seiner Lagerhalle wirklich Zuckerwasser sprudelt." „Dein Onkel Rudi spinnt doch", stänkert Herr Mümmelmann. Lili Graumaus funkelt ihn wütend an: „Dann überzeug dich doch selbst. Du fürchtest dich doch nur davor, da hinunterzuklettern. Du Angsthase." Herrn Mümmelmanns Nase kräuselt sich verärgert. Das will er nicht auf sich sitzen lassen. Deshalb nimmt er all seinen Mut zusammen und sagt mit fester Stimme: „Na los, gehen wir zu der Quelle von Onkel Rudi."

Lilis Onkel wohnt gleich hinter der Brücke in einer riesigen dunklen Lagerhalle. Als Lili Graumaus, Herr Mümmelmann, Frau Gans und Kosmo und Klax die Halle erreichen, kommt der flinke Mäuserich auf sie zu gerannt. „Mir nach", ruft er und wieselt stolz vorneweg. Die Freunde stolpern hinter ihm her. Vor einem Loch im Boden bleibt Onkel Rudi abrupt stehen. „Hier müssen wir durch", erklärt er. Als Frau Gans in den engen, dunklen Gang schaut, winkt sie ab. „Ich verzichte freiwillig." Auch den anderen ist ein wenig mulmig zu Mute. Doch sie wollen nicht kneifen und rutschen hinter Onkel Rudi hinab in die Tiefe. Eine geraume Zeit rutschen, krabbeln und kriechen alle stillschweigend hintereinander her. „Wie weit ist es denn noch?", quengelt Klax. „Eine Quälerei ist das", beschwert sich auch Herr Mümmelmann mit hochrotem Kopf. „Keine Sorge. Wir sind gleich da", beruhigt sie Onkel Rudi, der fröhlich vorankrabbelt. Und er hat nicht zu viel versprochen. Hinter der nächsten Biegung öffnet sich der Gang zu einer kreisrunden Höhle. Aus einer Felswand quillt klares Wasser heraus. Leise plätschert es auf den Boden und versickert. „Meine Quelle", quietscht Onkel Rudi aufgeregt wie ein junger Mäuserich. Er steckt sofort seine kleine Schnauze in das Quellwasser und säuselt schwärmerisch: „Oh, das ist das beste Wasser, das ich je getrunken habe. So süß, so bezaubernd. Das ist Zuckerwasser in seiner reinsten Form."

Während Onkel Rudi ohne Punkt und Komma redet, probieren die Freunde nacheinander von dem angeblichen Zuckerwasser. „Ich finde, es schmeckt wie gewöhnliches Wasser", flüstert Klax seinem Freund Kosmo ins Ohr. Kosmo nickt zustimmend. Den anderen geht es genauso. Nur Onkel Rudi ist in seiner Begeisterung nicht zu bremsen. „Und?", fragt er strahlend, „wie schmeckt euch das köstliche Zuckerwasser?" Die Freunde blicken verlegen auf den Boden. Keiner traut sich so recht, Onkel Rudi zu widersprechen. Schließlich sagt Lili Graumaus vorsichtig: „Es schmeckt schon sehr gut. Aber ich glaube, Onkelchen, es ist eher Quasselwasser als Zuckerwasser."

R wie RIESE

„Ratet mal, was ich gesehen habe", ruft Herr Mümmelmann außer Atem. Kosmo und Klax stecken neugierig die Köpfe aus dem Fenster ihres Baumhauses. „Einen riesigen Riesen!" Herr Mümmelmann schaut die beiden mit weit aufgerissenen Augen an. „Wie? Was? Wo denn?", fragt Klax ungläubig. „Auf der Wiese. Er sitzt in den Ästen der großen Linde", beteuert Herr Mümmelmann. Kosmo runzelt die Stirn. „Bist du sicher?" „Ja", flüstert Herr Mümmelmann, der vor Schreck noch ganz blass um die Nase ist. „Da müssen wir hin", ruft Kosmo und zerrt Klax geschwind den Baum hinunter. Sie holen noch Lili Graumaus, Frau Gans und Bibo Biber zur Verstärkung, dann machen sie sich gemeinsam auf den Weg zur großen Wiese. Schon von weitem sehen die Freunde den rätselhaften Riesen in der Baumkrone der alten Linde sitzen. Allen stockt der Atem.

In diesem Moment zischt es zwischen den Ästen, und eine riesige Stichflamme schießt empor. Mit einem Ruck wächst der Kopf des Riesen ein Stückchen höher in den Himmel. Herr Mümmelmann klammert sich ängstlich an Lili Graumaus. Da hören sie den Riesen fluchen: „So ein Mist. Dieser doofe Baum macht mir alles kaputt." Während die anderen wie erstarrt auf den wachsenden Riesen blicken, fasst Kosmo sich ein Herz und rast zielstrebig auf den Baum zu. „Was machst du da?", schreien alle entsetzt und rennen hinter ihm her. Als die Freunde keuchend den Baum erreichen, lüftet sich das Geheimnis.

Der unbekannte Riese ist nichts weiter als ein großer Heißluftballon, an dessen unterem Ende ein Korb hängt. Darin rumort es gewaltig. „Die Stimme kommt mir bekannt vor", raunt Kosmo seinen Freunden zu. Und tatsächlich: Im nächsten Augenblick schielt Knabba über den Korbrand. „Puh. Ihr seid meine Rettung." „Knabba, was machst du denn hier?", fragt Kosmo irritiert. „Ich denke, du musst auf den Leuchtturm aufpassen." „Oh nein, mein Lieber. Ich bin jetzt Reiseführer und organisiere Rundflüge mit dem Heißluftballon." Kosmo staunt. „Das klingt ja aufregend." „Ja, ja", ruft Knabba, „aber jetzt habe ich ein Problem. Ich hänge fest. Wenn ich meine nächste Reisegruppe nicht pünktlich abhole, kriege ich mächtig Ärger." „Keine Sorge, wir helfen dir", beruhigt ihn Kosmo und winkt seine Freunde heran. Mit vereinten Kräften befreien sie Knabbas Heißluftballon aus den Fängen des Baumes. Bibo Biber sägt störende Äste weg, und die anderen dröseln die ineinander verhedderten Seile des Ballons auf. Schließlich löst Kosmo den letzten Knoten von einem Ast. Staunend verfolgen alle, wie sich der riesige Ballon in die Luft erhebt. „Vielen Dank", ruft Knabba ihnen zu, „wenn ich mit meiner Rundreise fertig bin, komme ich wieder, und wir fliegen alle zusammen." „Oh ja", jubeln die Freunde und winken Knabba und seinem „Riesen" noch lange hinterher. So lange, bis der „Riese" nur noch ein kleiner schwarzer Punkt am Horizont ist.

S wie SIRENE

Sieh doch nur", ruft Klax und zeigt auf eine dunkle Wolke am blauen Himmel, „schaut die nicht unheimlich aus?" „Stimmt", murmelt Kosmo, als er die schwarze Wolke entdeckt. Aber zum Glück ist nur diese eine Wolke zu sehen und die Sonne strahlt so freundlich vom Himmel, dass die beiden ihre Angst schnell wieder verlieren. Sie spielen gerade auf dem Spielplatz mit Herrn Mümmelmann und Lili Graumaus Sackhüpfen, als ein markerschütternder Gesang ertönt. Lili Graumaus flüstert: „Das klingt nach Frau Gans." Herr Mümmelmann spitzt die Ohren und murmelt: „Das ist die Sirene. Schnell. Wir müssen hier weg. Ein Sturm zieht auf."

In Windeseile holen Kosmo und Klax ihre Siebensachen aus dem Baumhaus und sausen gemeinsam zur Sturmhöhle. Dort haben sich schon alle anderen Tiere des Waldes

versammelt. Eng aneinander gekauert, hocken sie auf dem Boden und warten auf den Sturm. Frau Gans, die bis zuletzt die Sirene gesungen hat, ist so heiser, dass sie nur noch leise summen kann. Eine sonderbare Stille legt sich über das Tal. Dann zischt ein pfeifender Wind über die Höhle hinweg und ein ungeheurer Sturm beginnt. Er fegt über die Erde, reißt Steine und Sand empor und entfacht einen gewaltigen Sog zum Himmel. Mit unheimlicher Kraft nimmt der Sturm zu und lässt die Erde beben. Die Freunde klammern sich ängstlich aneinander. Da stimmt Frau Gans krächzend ein Sturmlied an und alle Tiere unterstützen sie mit kräftigen Stimmen:

„Mit Getöse und Gebraus,
fegst du über Wald und Haus.
Sturm, hör bitte auf zu krachen,
lass die Sonne wieder lachen!“

Und siehe da: So schnell der Sturm gekommen ist, so schnell legt er sich auch wieder. Von einer Sekunde auf die andere hört die Erde auf zu beben. Erleichtert stecken die Tiere ihre Köpfe aus der Höhle. Doch wie sieht bloß ihr schönes Tal aus? Der Wirbelsturm hat eine schreckliche Verwüstung hinterlassen. Gräser und Blumen sind platt gefegt und ganze Büsche hoch in die Luft geschleudert worden. Einige Minuten herrscht entsetztes Schweigen. Doch Bibo Biber hat wie immer einen Spruch parat: „Freunde, nicht die Köpfe hängen lassen. Jetzt heißt es: Aufräumen und mit anfassen.“

Und dann beginnt die große Aufräumsause, bei der alle Tiere mithelfen. Nach sage und schreibe sieben Stunden sieht das Tal des verwunschenen Parks wieder fast so aus wie vorher. Alle sind überglücklich.

T wie TASSE

Treffer", schreit Kosmo und schmeißt ein Kissen durch das Baumhaus. In letzter Sekunde weicht Klax quietschend aus, und das Kissen landet mitten auf dem Tisch. Direkt auf Kosmos Lieblingstasse, die scheppernd in tausend Einzelteile zerspringt. Entsetzt starrt Kosmo auf die Scherben. „Oh nein", schluchzt er, und eine dicke Träne kullert über sein Fell. Auch Klax guckt betreten auf die zerbrochene Tasse. Er nimmt Kosmo in den Arm und versucht, ihn zu trösten. „Du kannst meine Tasse haben." Kosmo schüttelt traurig den Kopf. „Nein, ich will meine eigene Tasse."

Eine Weile sitzen beide schweigend nebeneinander. Plötzlich springt Klax auf. „Weißt du was? Wir machen uns einfach neue Tassen." Kosmos Augen strahlen. „Oh ja!", ruft er und hüpft aufgeregt durch das Baumhaus. „Aber was brauchen wir denn alles dafür?" „Ton und Wasser", erklärt Klax ohne Nachzudenken. Kosmo staunt.

In der Nähe von Bibo Bibers Bau entdecken sie am Ufer des Flusses feuchte Tonerde. Tatkräftig schleppen sie zwei randvoll gefüllte Eimer zurück zum Baumhaus. Dort experimentieren sie eifrig mit der Tonerde herum. Sie kneten, rollen und formen, aber keine der Tassen ähnelt Kosmos zerbrochener Lieblingstasse. Plötzlich hat Klax eine Idee. Er reißt sich die Krone herunter und drückt sich stattdessen einen matschigen Klumpen Ton auf den Kopf. „Pass auf. Jetzt kommt Trick 17", ruft er und beginnt, sich wie ein Brummkreisel zu drehen. Matschklumpen fliegen durch das Baumhaus. „Jetzt bist du dran", schreit Klax, der sich immer schneller und schneller dreht. „Leg deine Hände um den Matschklumpen, dann wirst du gleich etwas ganz Tolles erleben."

Noch ein wenig ängstlich folgt Kosmo der Anweisung seines Freundes. Er traut seinen Augen nicht. Sekunden später ist aus dem matschigen Klumpen Erde eine dünne, lange Vase geworden. „Es funktioniert", freut sich Kosmo und setzt Klax den nächsten Tonklumpen auf den Kopf. „Du darfst nicht so fest drücken", ächzt Klax, dem schon ein wenig schwindelig wird. „Mach ich nicht", verspricht Kosmo.

Nach nur wenigen Versuchen hat er den Dreh raus. Geschickt töpfert er auf dem kreisenden Klax zwei bauchige Tassen. Dann poliert er sie mit seinem buschigen Schwanz glatt und glänzend. Voller Stolz betrachten Kosmo und Klax ihr gemeinsames Werk. „So tolle Tassen hatten wir noch nie", freut sich Klax. „Wir sind eben ein super Team", sagt Kosmo und drückt Klax fest an sich.

U wie UHU

Um Mitternacht sitzt Frau Eule auf ihrem Ast. Sie wartet auf ihren Freund, den Uhu, der sonst immer zum nächtlichen Plausch vorbeikommt. Doch heute lässt er sich nicht blicken.

Als Kosmo und Klax morgens auf der Suche nach Pilzen durch den Wald schlendern, wartet Frau Eule noch immer. In sich versunken hockt sie auf ihrem Ast und bemerkt die beiden gar nicht. Erst als Kosmo aus voller Kehle schreit: „Guten Morgen Frau Eule“, nickt sie matt mit dem Kopf. „Was ist los mit dir?“, fragt Kosmo besorgt. „Du siehst so unglücklich aus.“ Frau Eule blickt Kosmo und Klax traurig vom Baum herab an. „Ach“, seufzt sie, „ich warte auf Herrn Uhu. Aber er hat wohl keine Zeit mehr zum Plaudern.“ „Wieso denn nicht?“ Kosmo und Klax sehen sie verständnislos an. Frau Eule schluchzt: „Ich weiß auch nicht.“ „Mach dir keine Sorgen“, tröstet Kosmo Frau Eule, „wir finden schon heraus, was mit Herrn Uhu los ist.“

Lange müssen Kosmo und Klax nicht nach dem Uhu suchen, denn er ist schon von weitem durch den Wald zu hören. Rastlos fliegt er von Ast zu Ast und murmelt unverständliche Dinge. Kosmo klettert auf den höchsten Baum und ruft aus Leibeskräften: „Hallo Herr Uhu! Was machst du da?“ „Tut mir leid. Ich habe keine Zeit. Keine Zeit“, antwortet der Uhu und verdreht umständlich den Hals. Kosmo sieht ihn irritiert an. „Warum denn nicht?“ „Die Uhr tickt, mein Lieber“, stöhnt der Uhu und fliegt gestresst hinab zum Waldboden. Kosmo klettert rasch hinterher. „Was für eine Uhr denn?“ Mit gehetztem Blick schaut der Uhu auf eine goldene Armbanduhr an seinem Flügel. „Oje“, krächzt er panisch, „es ist schon fast acht. Jetzt muss ich mich aber beeilen.“ Aufgebracht fliegt er zwischen den Stämmen hin und her. „Weißt du was“, unkt Klax nach einer Weile, „es sieht ganz schön ulkig aus, wie du so herumhetzt.“ „Wie ein aufgescheuchtes Huhn“, pflichtet ihm Kosmo lachend bei. Abrupt hält der Uhu inne und sieht die beiden ärgerlich an. Herr Uhu ist nämlich sehr eitel und kann es gar nicht leiden, wenn man sich über ihn lustig macht. „Nur der Unnütze vertrödelt seine Zeit“, entgegnet er und fügt trotzig hinzu: „Wer etwas auf sich hält, trägt heutzutage eine Uhr. Sagt die Elster.“ „Also ich finde“, erklärt Kosmo mit ernster Miene, „jemand, der etwas auf sich hält, macht auch mal Urlaub. Komm Klax, wir gehen noch ein bisschen mit Frau Eule plaudern.“ Die beiden zwinkern sich zu und verabschieden sich von Herrn Uhu, der ihnen nachdenklich hinterherschaut. Nach einer Weile bemerken Kosmo und Klax, dass der Uhu ihnen folgt. „Wisst ihr was“, ruft er, als er die beiden eingeholt hat, „ich nehme mir jetzt Urlaub.“ Herr Uhu reißt sich die goldene Armbanduhr vom Flügel und schmeißt sie in das Unterholz. „Uhu schuhu“, jubelt er befreit, „Frau Eule, ich komme.“

V wie VEILCHEN

Verzweifelt suchen Kosmo und Klax nach ihrem Geschenk für Lili Graumaus, einem Veilchen. Überall haben die beiden schon geguckt. Das gesamte Baumhaus haben sie auf den Kopf gestellt, den halben Spielplatz umgegraben und jeden Winkel auf der großen Wiese abgesucht. Aber sie können die Blume nirgendwo finden. „Verflixt und zugenäht", ruft Kosmo, „wo haben wir das Veilchen bloß versteckt?" „Verdammt", ärgert sich auch Klax, „ich weiß es nicht mehr." „Ich hab dir gleich gesagt, dass wir es nicht wiederfinden", sagt Kosmo wütend. „Aber das verrückte Versteck war doch deine Idee", entgegnet Klax empört.

Da hören sie ein Piepsen zwischen den Bäumen. Vorsichtig sehen sie nach. Auf einem Baumstumpf hockt ein kleiner Vogel, der sie ängstlich ansieht. „Hallo", sagt Kosmo verdutzt, „was machst du denn da?" „Ich hab mich verflogen." Hilflos zuckt der kleine Vogel mit den Flügeln. „Und wo willst du hin?", fragt Klax. „Zurück in mein Nest", piepst der Vogel und macht ein paar klägliche Flugversuche. „Das ist ein Nesthocker", flüstert Kosmo seinem Freund Klax ins Ohr, „der kann noch gar nicht richtig fliegen." „Aha", murmelt Klax und wendet sich wieder an den verirrten Vogel. „Wo ist denn dein Nest?", fragt er einfühlsam. „Ich weiß nicht mehr", jammert der Vogel. „Ich erinnere mich nur daran, dass unser Nest ein ganz besonderes ist. Weil dort nämlich ein Veilchen blüht." „Ein Veilchen", rufen Kosmo und Klax wie aus einem Munde. „Ich glaube", sagt Kosmo, „ich weiß, wo dein Nest ist." „Wirklich?", fragt der Nesthocker aufgeregt. „Ja", sagt Kosmo, „vertrau mir." Er nimmt den kleinen Vogel Huckepack und rast in Windeseile zu einem großen Ahorn. Schnell klettert er bis in die Baumkrone hinauf. Dort liegt ein kuscheliges Nest, in dem ein Veilchen in schönstem Violett wächst. Der kleine Vogel freut sich wie verrückt. „Vielen Dank", sagt er und strahlt Kosmo an.

Auch Lili Graumaus strahlt, als Kosmo und Klax ihr das Veilchen schenken. „Du glaubst gar nicht, was für ein verrücktes Versteck wir für dein Veilchen hatten", platzen Kosmo und Klax heraus und erzählen ihr von ihrem turbulenten Tag. In diesem Moment kackt ein kleiner Vogel Kosmo auf den Kopf und zwitschert fröhlich vorbei. Sein Flug ist noch ein wenig unbeholfen …

W wie WUNDER

Wütend wirft Klax seine Krone in die Ecke. Wieder hat Kosmo beim Wetterraten gewonnen. „Wie machst du das nur?“, wundert sich Klax. „Weiß nicht. Ich hatte einfach im Gefühl, dass heute die Sonne scheint“, erklärt Kosmo. Klax hebt seufzend seine goldene Krone vom Boden auf. Doch diese ist vom Aufprall in der Mitte entzweigebrochen. „Meine schöne Krone“, wimmert Klax. „Was mache ich jetzt bloß?“ „Wein doch nicht“, sagt Kosmo und wischt dem kleinen Ball mit seinem buschigen Eichhörnchenschwanz eine Träne aus dem Auge. „Wir gehen jetzt raus und suchen Hilfe. Wer weiß, vielleicht passiert ja ein kleines Wunder.“ Klax lächelt schon wieder ein wenig.

Und wie der Zufall es will, begegnen die beiden Freunde nach ein paar Metern Herrn Mümmelmann und Lili Graumaus. Als Klax von seinem Missgeschick erzählt, weiß Lili Graumaus Rat. „Im Wald gibt es einen Baum mit ganz vielen Wurzeln. Dort soll ein Wichtel wohnen, der Wunder vollbringen kann. Vielleicht kann er dir auch mit deiner Krone helfen.“ Kosmo sieht Klax siegessicher an. „Das ist ja wunderbar“, jubeln beide und machen sich gleich auf den Weg zum Wald.

Als sie jedoch den angeblichen Wunderbaum erreichen, ist von einem Wichtel weit und breit keine Spur. Nur ein kleiner Wurm windet sich entlang einer langen Wurzel. „Wie heißt du?“, fragt Klax neugierig. „Wurzelwurm“, wispert der Winzling. „Und warum flüsterst du?“, will der kleine Ball weiter wissen. „Weil ich mir wünsche, so schön wie ein Schmetterling zu werden.“ Klax sieht ihn ungläubig an. „Und ein solches Wunder kann nur bei absoluter Ruhe und gutem Wetter geschehen.“ „Aha“, flüstert Klax und beugt sich ebenfalls ehrfürchtig zu der Wurzel hinab. Leise, ganz leise wünscht er sich, dass seine Krone wieder heil werde.

Und tatsächlich: Als Kosmo und Klax in ihr Baumhaus zurückkommen, ist die goldene Krone wie durch ein Wunder wieder heil. Nur eine kleine Naht und etwas Kleber zeugen noch vom Sprung der Krone. Ob jemand dem Wunder nachgeholfen hat? Wer weiß das schon?

Zwei Wochen später wandern Kosmo und Klax zufällig wieder an dem Wurzelbaum vorbei. Da fliegt ihnen ein bunter Schmetterling entgegen. „Hallo“, ruft der Falter den beiden zu, „erkennt ihr mich wieder?“ Angestrengt überlegen Kosmo und Klax, aber sie können sich nicht erinnern. „Ich bin der Wurzelwurm“, erklärt der Schmetterling und zeigt stolz seine bunten Flügel. „Wahnsinn“, sagen Kosmo und Klax und gratulieren dem überglücklichen Schmetterling. Natürlich wissen beide, dass der kleine Wurm in Wirklichkeit eine Raupe war, die sich in einen Schmetterling verwandelt hat. Doch das sagen sie ihm nicht. Schließlich wollen sie dem Schmetterling den Glauben an sein Wunder lassen.

X wie XYLOPHON

X-mal hab ich dir schon gesagt, dass du den Abhang nicht runterrollen sollst", schimpft Kosmo wütend. „Aber da unten liegt etwas, das ich noch nie gesehen habe", verteidigt sich Klax. „Der Abhang unter der Brücke ist gefährlich. Das weißt du doch", ermahnt ihn Kosmo. „Aber ich will dieses komische Ding haben." Trotzig verschränkt Klax seine Hände vor dem Bauch. „Na gut", gibt das Eichhörnchen nach, „aber dann hole ich es dir."

Geschickt hangelt Kosmo sich den Abhang hinunter. Von Felsvorsprung zu Felsvorsprung, immer näher kommt er dem unbekannten Gegenstand. Es ist ein Kasten mit glatt polierten Holzstäben daran. Eingehend untersucht Kosmo seinen seltsamen Fund. Was das wohl sein mag? Er umschlingt das rätselhafte Ding mit dem Schwanz und klettert vorsichtig wieder nach oben. Aber auch Klax ist ratlos, was es mit dem Holzstück auf sich hat.

Während die beiden noch vor sich hin grübeln, kommt Lili Graumaus mit hängenden Schultern über die Brücke. „Lili, was ist denn mit dir los?", fragt Klax besorgt. „Ich habe Onkel Rudis Xylophon verloren", schluchzt Lili Graumaus herzzerreißend. „Ich bin über einen Stein gestolpert, und dann ist es mir einfach aus der Hand gerutscht." „Oje", sagt Kosmo mitfühlend und streichelt Lilis Hand. „Guck mal, dafür haben wir etwas ganz Tolles gefunden", ruft Klax und holt den seltsamen Holzkasten hervor. Lili Graumaus traut ihren Augen nicht. „Da ist es ja", ruft sie und strahlt bis über beide Ohren, „Onkel Rudis Xylophon." „Das ist ein Xillilofon?", staunt Klax. „Ja, ein Xylophon", jubelt Lili Graumaus.

„Wie habt ihr das gefunden?" „Ich bin den Abhang runtergeklettert", erklärt Kosmo. „Aber ich habe es entdeckt", platzt Klax dazwischen. „Das stimmt", gibt Kosmo zu, „ohne Klax wäre es noch immer da unten." Glücklich drückt Lili Graumaus das Xylophon an sich.

„Was kann man denn mit einem Xylophon machen?", will Klax wissen. „Wunderschöne Musik", schwärmt Lili Graumaus, „aber leider fehlen die Schlägel. Die braucht man nämlich, sonst klingen die Stäbe nicht." „Die könnte doch Bibo basteln", schlägt Klax vor. „Super Idee", rufen Kosmo und Lili, und begeistert stürmen alle los. Natürlich lässt Bibo Biber sich nicht zweimal bitten und schnitzt flink ein Paar hervorragende Schlägel. Als er fertig ist, nimmt Lili Graumaus das Xylophon auf den Schoß und ruft: „Und jetzt machen wir Musik!"

Y wie YIPPIE-LIED

Yippie yeah – jetzt geht es los,
das ABC ist grandios.

Ganz vorn ist **A** wie Ameise,
das Blaubeer-**B** folgt ihm sehr leise.
Nun kommt das **C** wie Camembert.
Warum ist bloß die **D**ose leer?

Das **E** – stark wie ein Eichenbaum
Führt dann zum **F** – ein Fahrradtraum.
Das **G** grüßt mit Geburtstagsrap.
Das Hindernis-**H** hat ganz viel Pep!

Beim **I** kommt Slimmi: Iiii – Igitt!
Das **J**ahreslied wird rasch zum Hit!
Die **K**iste kommt wohl aus dem Meer.
Und Knabbas **L**euchtturm strahlt so sehr.

Das **M**urmelspiel viele verwirrt.
Im **N**iemandsland man sich verirrt.
Frau Gans – ein neuer **O**pernstar?
Das **P**icknick ist ganz wunderbar.

Die **Q**uassel-Quelle zuckrig schmeckt,
ein **R**iese sich im Baum versteckt.
Sirenenlärm ganz laut erklingt.
Ob Kosmos **T**öpfern wohl gelingt?

Der **U**hu ist heut ganz zerstreut.
Das **V**eilchen Lili sehr erfreut.
Was wohl im **W**urzelwurm so steckt?
Klax hat ein **X**ylophon entdeckt.

Am schwierigsten, ihr ahnt es schon.
Das ist ein Reim mit **Y**psilon!
Das **Z** wie Zirkus hinten steht.
Es ist der Schluss vom Alphabet.

Yippie yeah – juchhu, das war's.
Das ABC macht richtig Spaß!

Z wie ZIRKUS

Zapperlott, der Zirkus ist da! Onkel Rudi hat die Freunde zur Galavorstellung in den Zirkus eingeladen. Kosmo, Klax, Lili Graumaus, Bibo Biber, Herr Mümmelmann und Frau Gans machen sich auf dem breiten Rücken der Pferdedame Lissy auf den Weg zum Zirkusplatz. Schon von weitem sehen die Freunde das große Zirkuszelt, umringt von zahlreichen Wohnwagen. Lebhaftes Treiben herrscht auf dem Vorplatz, und aus dem Innern des Zeltes erklingt laute Musik. Onkel Rudi steht an der Kasse und winkt die Freunde heran. „Beeilt euch. Es geht gleich los. Ich hab die erste Reihe reserviert.“ Schnell folgen alle Onkel Rudi. Nur Lissy zögert. „Was ist los?“, fragt Kosmo. „Ich glaube, ich warte hier“, schnaubt Lissy und blickt verliebt zu einem Zebra mit Zahnspange, das lässig an einem Wohnwagen lehnt und ihr zuzwinkert. Kosmo stutzt einen Moment, doch dann eilt er hinter den anderen her. In letzter Sekunde nehmen alle ihre Plätze ein. Als erste Attraktion zeigt eine Truppe Ameisen ihr Können. In Sekundenschnelle formieren sie sich zu wechselnden Bildern der gefährlichsten Tiere der Welt. Danach balanciert ein Strauß in Schwindel erregender Höhe über ein Seil, und ein majestätischer Elefant hebt einen zentnerschweren Stein in die Luft. Dann kündigt ein Trommelwirbel den Höhepunkt des Abends an. Der Zauberer, ein stattlicher Kater mit einem Zylinder auf dem Kopf, erscheint unter tosendem Applaus in der Manege. In der Hand hält er zwei kleine rosarote Kaninchen. Mit geheimnisvoller Stimme spricht der Kater seinen Zauberspruch: „Hokuspokus aus dieser Hand, verschwinden alle Hasen ins Zauberland.“

Im nächsten Moment sind die beiden Kaninchen wie vom Erdboden verschluckt. Ein Raunen geht durch die Reihen. Alle blicken gebannt auf die Manege. Plötzlich zappelt Lili Graumaus aufgeregt auf ihrem Sitz herum. „Herr Mümmelmann ist weg“, quietscht sie. Tatsächlich: Der Platz von Herrn Mümmelmann ist leer. „Weggezaubert“, flüstert Kosmo entsetzt. Lili Graumaus sieht sich panisch im Zelt um. Da murmelt der Kater erneut einen Zauberspruch: „Hokuspokus hoppsasa, alle Hasen wieder da.“ Vor den staunenden Augen des Publikums zieht der Zauberer die beiden rosaroten Kaninchen aus seinem Zylinder. Doch was ist das? Noch zwei lange Ohren lugen über den Rand des Zylinders. Im nächsten Moment kommt der Rest von Herrn Mümmelmann zum Vorschein. Unter großem Beifall hoppelt er zurück zu seinem Platz. „Wo warst du?“, wollen die Freunde wissen und scharen sich neugierig um ihn. „Ich, ich war in einem zauberhaften Land mit ganz vielen rosaroten Kaninchen“, schwärmt Herr Mümmelmann, dessen Fell vor Aufregung ganz zerzaust ist.

Und während Herr Mümmelmann noch vom Zauberland träumt, schmiegt sich Lissy draußen vor dem Zelt zärtlich an das Zebra und malt sich eine Zukunft als Zirkuspferd aus.

DIE AUTORIN

Alexandra Helmig, geboren 1975 in Düsseldorf, arbeitet seit zehn Jahren als Schauspielerin und Autorin. Mit ihren Theaterstücken wurde sie zu den Autorentheatertagen des Thalia Theaters (2006) und zu den Werkstatttagen des Wiener Burgtheaters (2007) eingeladen. 2008 erhielt sie mit dem Theaterstück „oder Argentinien" den Förderpreis der Landesbühnen. „ABC-Geschichten zum Erleben" sind die zweiten Abenteuer von Kosmo & Klax. Alexandra Helmig lebt mit ihrer Familie in München.

DIE ILLUSTRATORIN

Marion Meister, geboren 1974 in Wolfratshausen, studierte Animation an der Filmhochschule „Konrad Wolf" in Potsdam-Babelsberg. Seit 2002 arbeitet sie als freie Illustratorin im Bereich Kinder- und Schulbuch. Gemeinsam mit ihrem Ehemann, dem Autor Derek Meister, schreibt sie auch selbst Kinderbücher. Marion Meister lebt heute in der Nähe des Steinhuder Meers.

Was man mit den Erlebniskarten machen kann ...

Zu jeder Kosmo & Klax-Geschichte gibt es eine passende Erlebniskarte, die auf spielerische Weise an das Alphabet heranführt.

Ob Buchstabenketten basteln, Wörter mit Kresse säen, Buchstabenformen entdecken oder kleine Verse dichten – Buchstaben und Wörter werden durch die kleinen Aufgaben mit allen Sinnen erfassbar und erfahrbar.

Zusammen mit ihren Eltern können Kinder so beispielsweise Unterschiede und Gemeinsamkeiten von Buchstaben entdecken. Auch dass der Name eines Buchstabens nicht immer mit dem eigentlichen Laut im Wort übereinstimmen muss, kann mithilfe der Karten kindgerecht vermittelt werden.

Das Element des Spielens steht dabei immer im Vordergrund, deswegen gibt es auch kein Richtig oder Falsch. Die Erlebniskarten verstehen sich darüber hinaus lediglich als Anregung und müssen nicht immer mit ihrer konkreten Aufgabe zum Einsatz kommen. Denkbar ist beispielsweise auch die freie Nutzung für Wortlegespiele.

In der KOSMO & KLAX–Reihe sind im mixtvision Verlag ebenfalls erschienen:

kOsmO & klaX®

Alle Geschichten zum Erleben
Alexandra Helmig
Christine Haberstock
Buch und Erlebniskartenbox
im Schuber
148 Seiten
€ 19,90
978-3-939435-16-7

kOsmO & klaX®

Alle Geschichten zum Erleben (Hörbuch)
Gelesen von Annette Frier
und Alexandra Helmig
2 CDs mit Booklet
mit 8 Liedern
ca. 109 Minuten
€ 14,90
978-3-939435-17-4

www.mixtvision-verlag.de

Grafik und Gestaltung: HP Buchdesign, Wendelstein
Printed in Poland
ISBN 978-3-939435-20-4

a b c d

h i j k

o p q

u v w